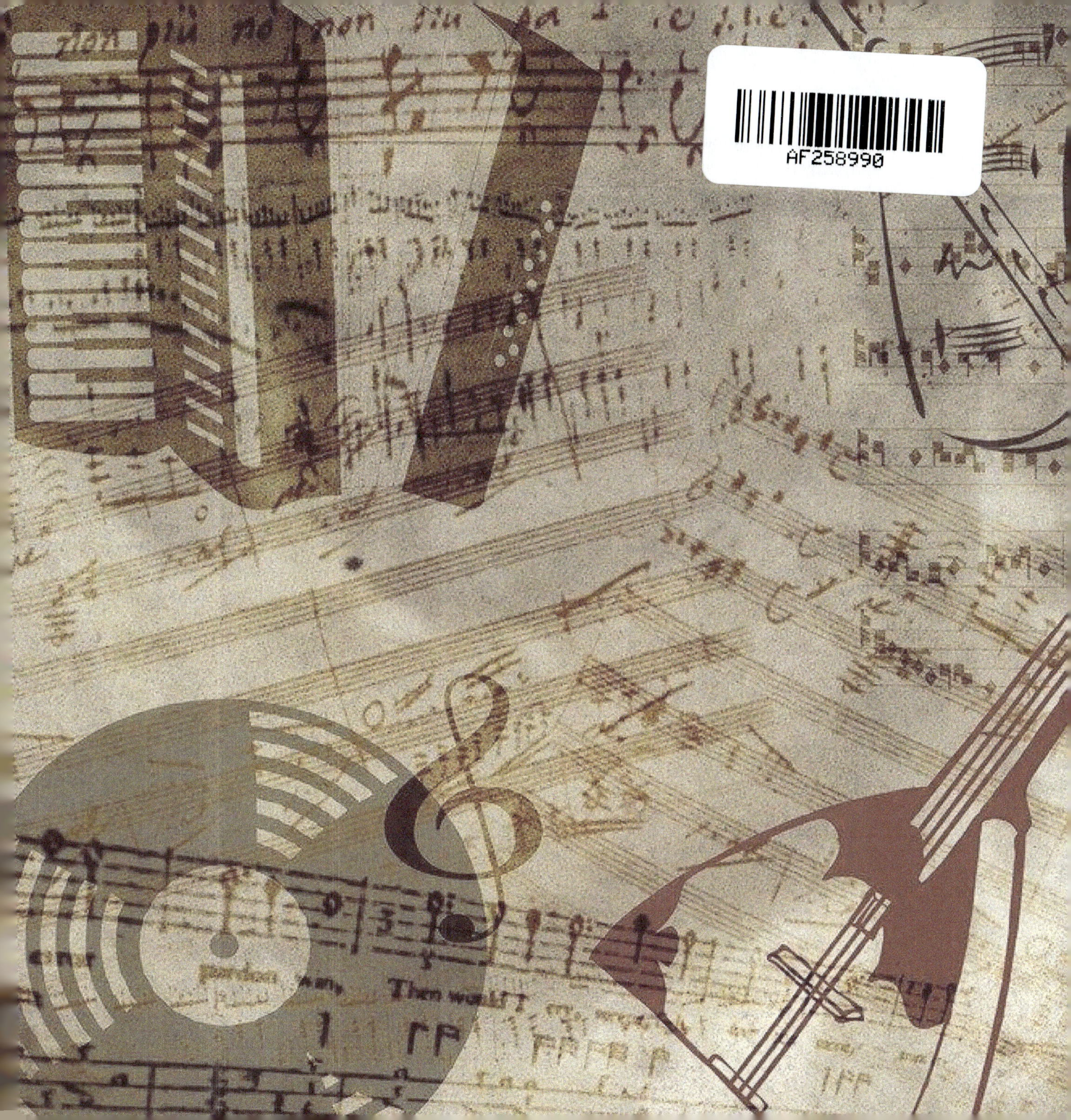
AF258990

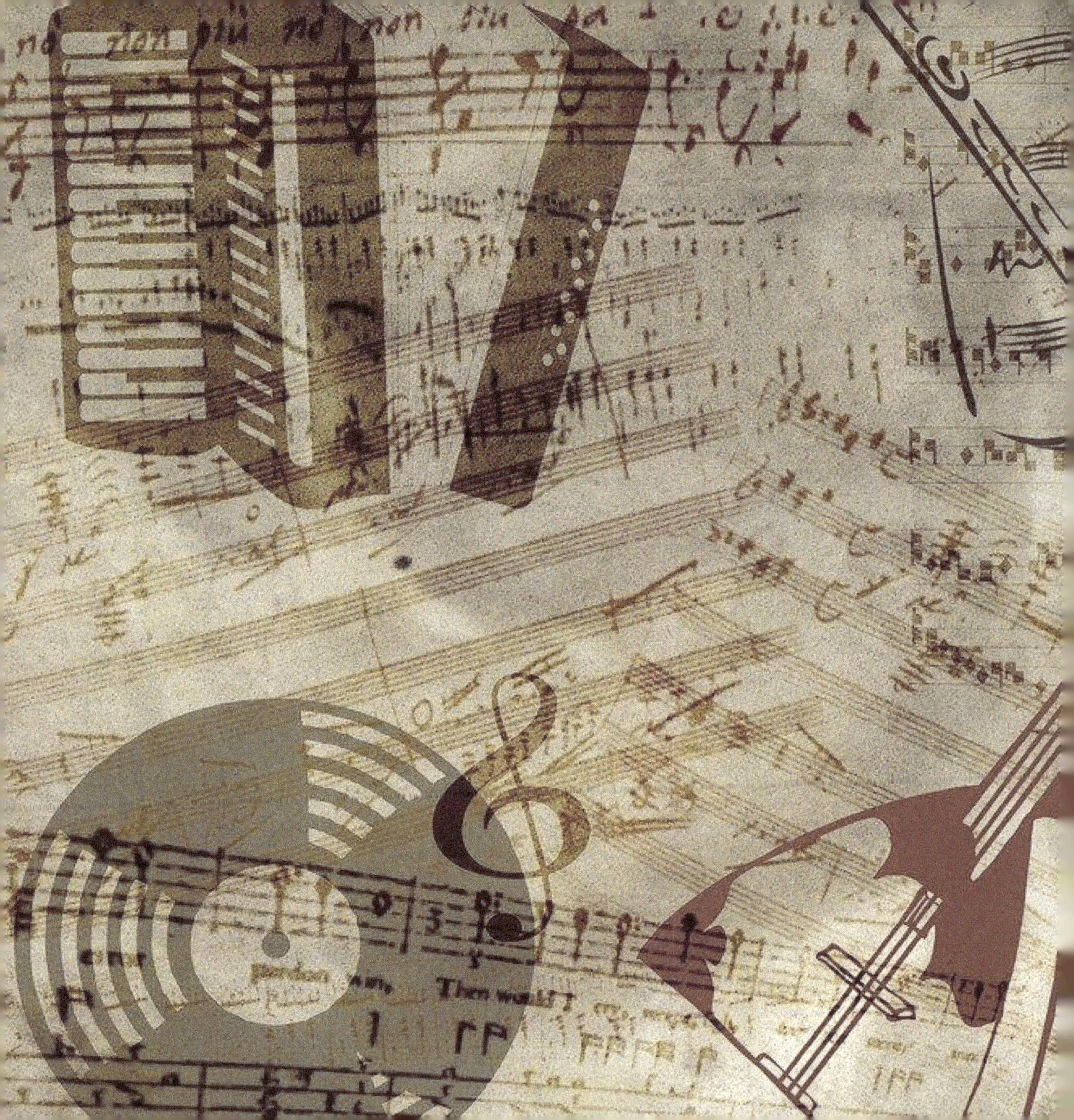

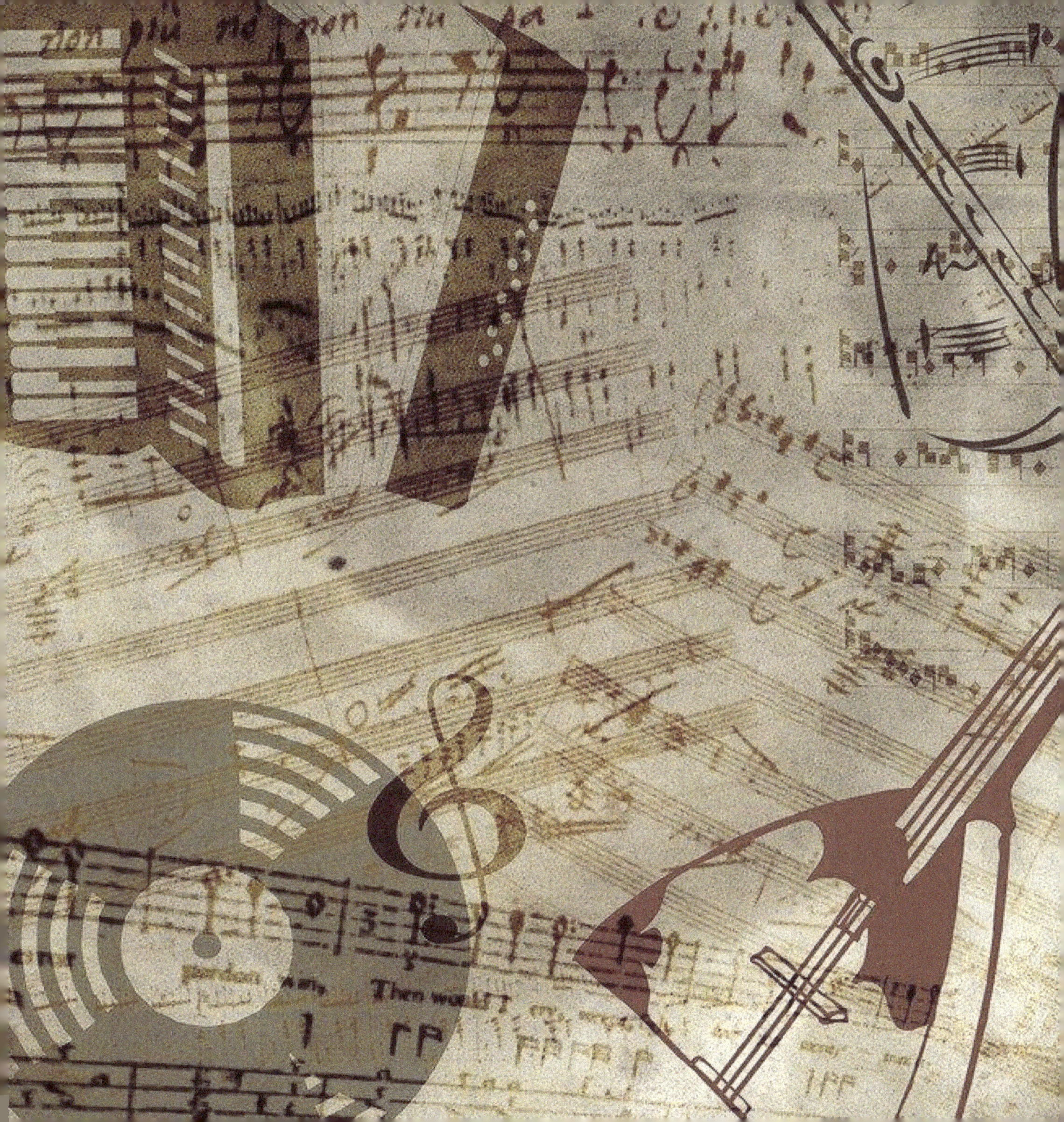

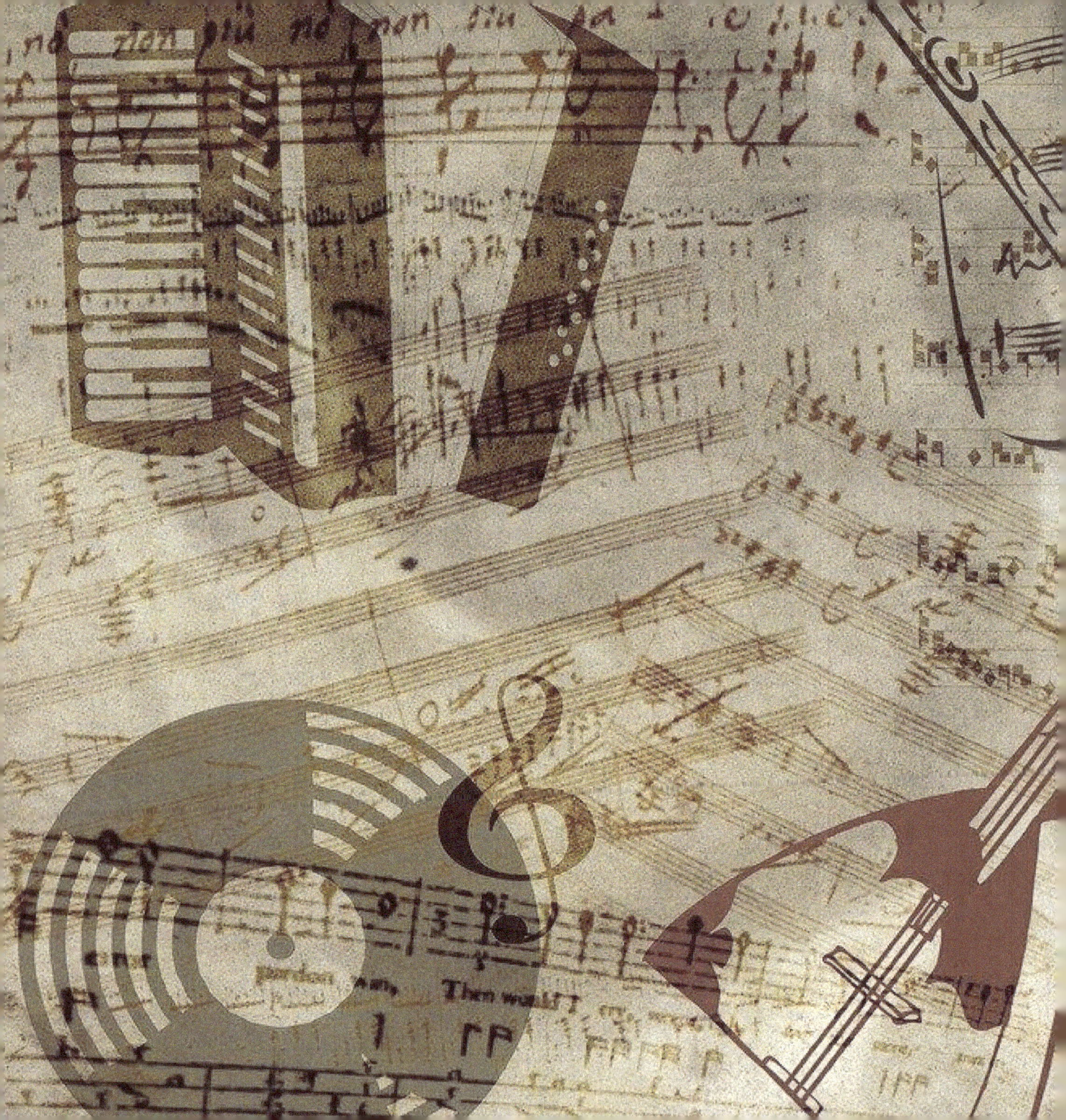

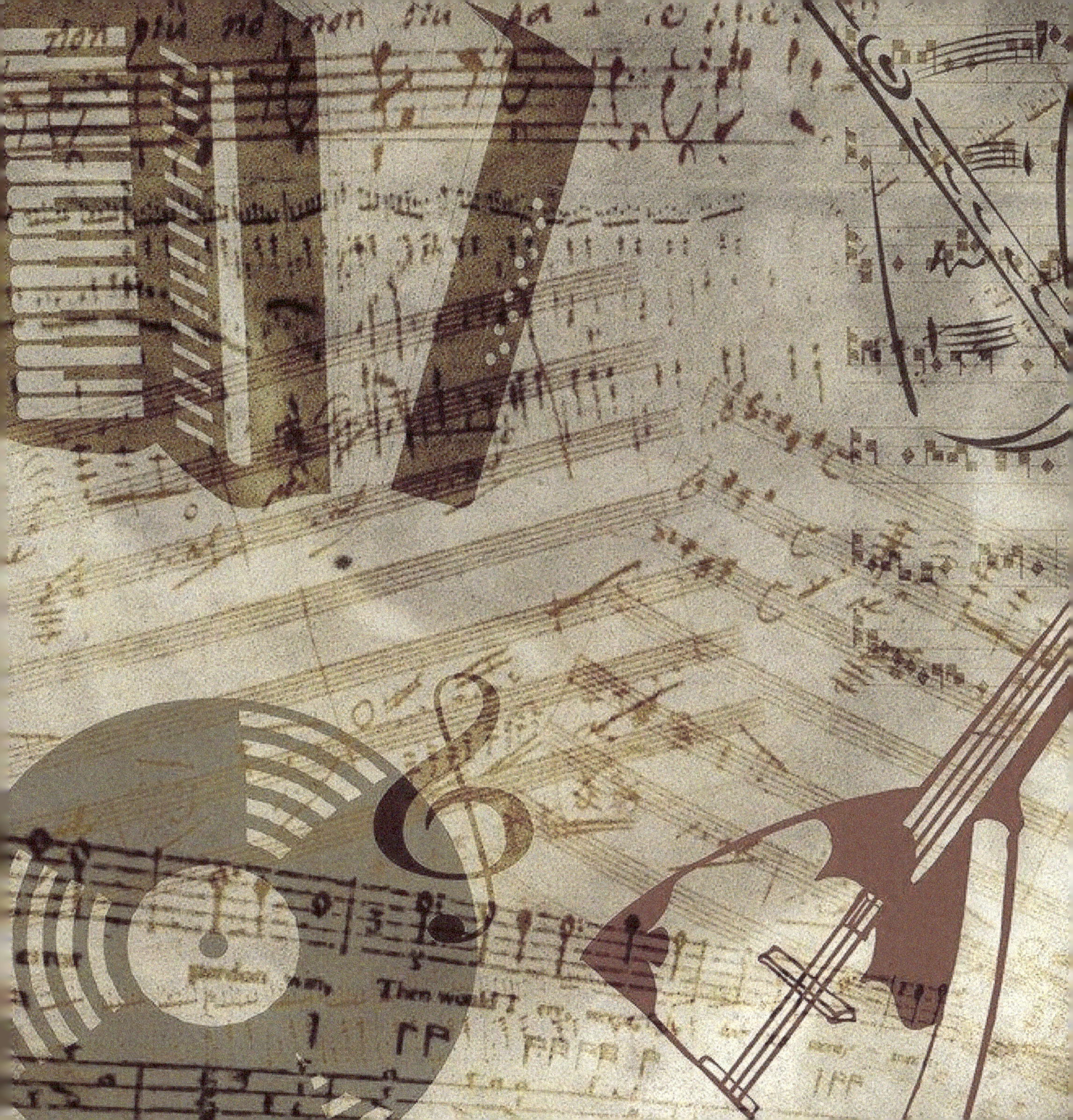

più no non più
Then wait

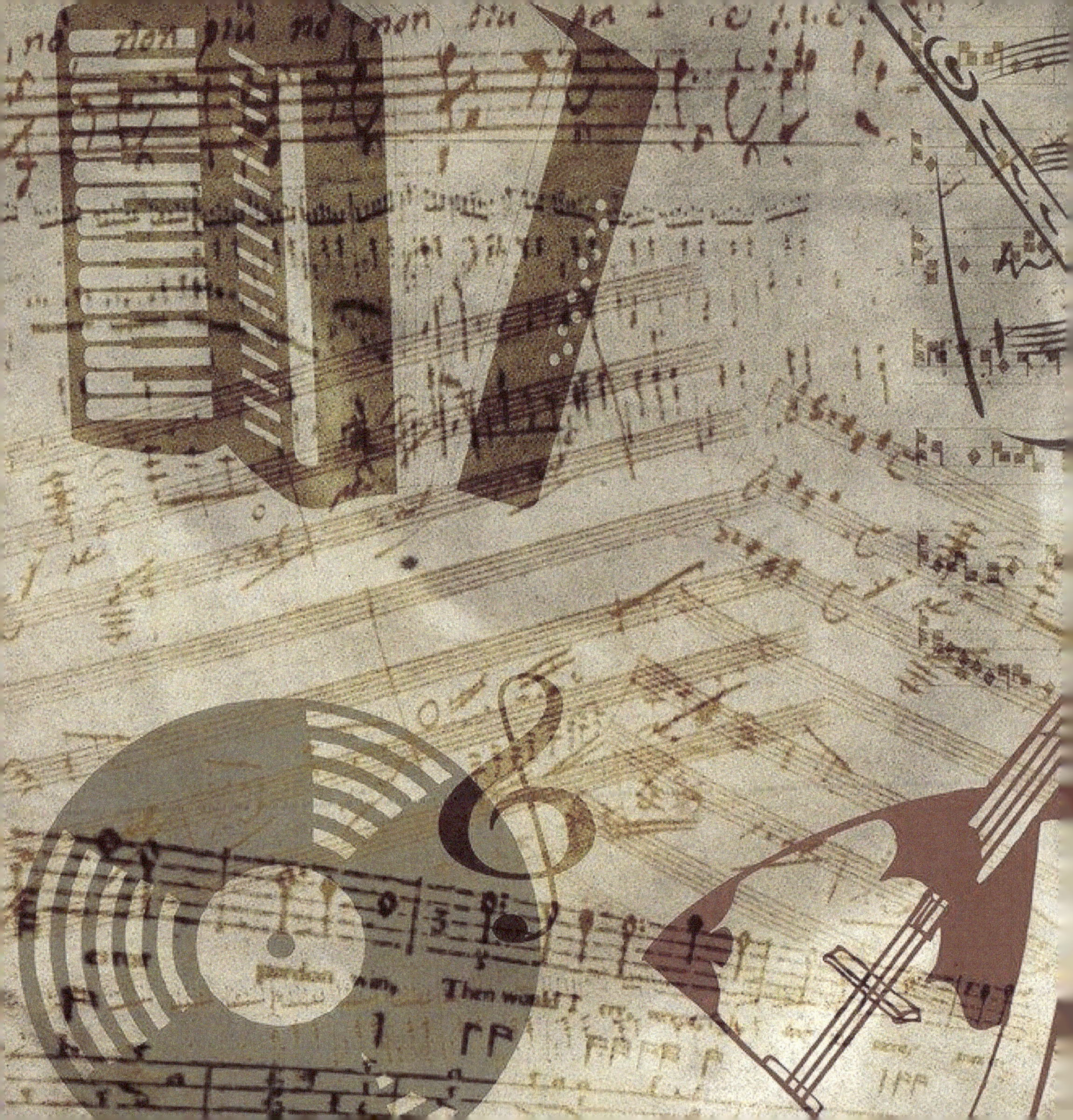
Then would

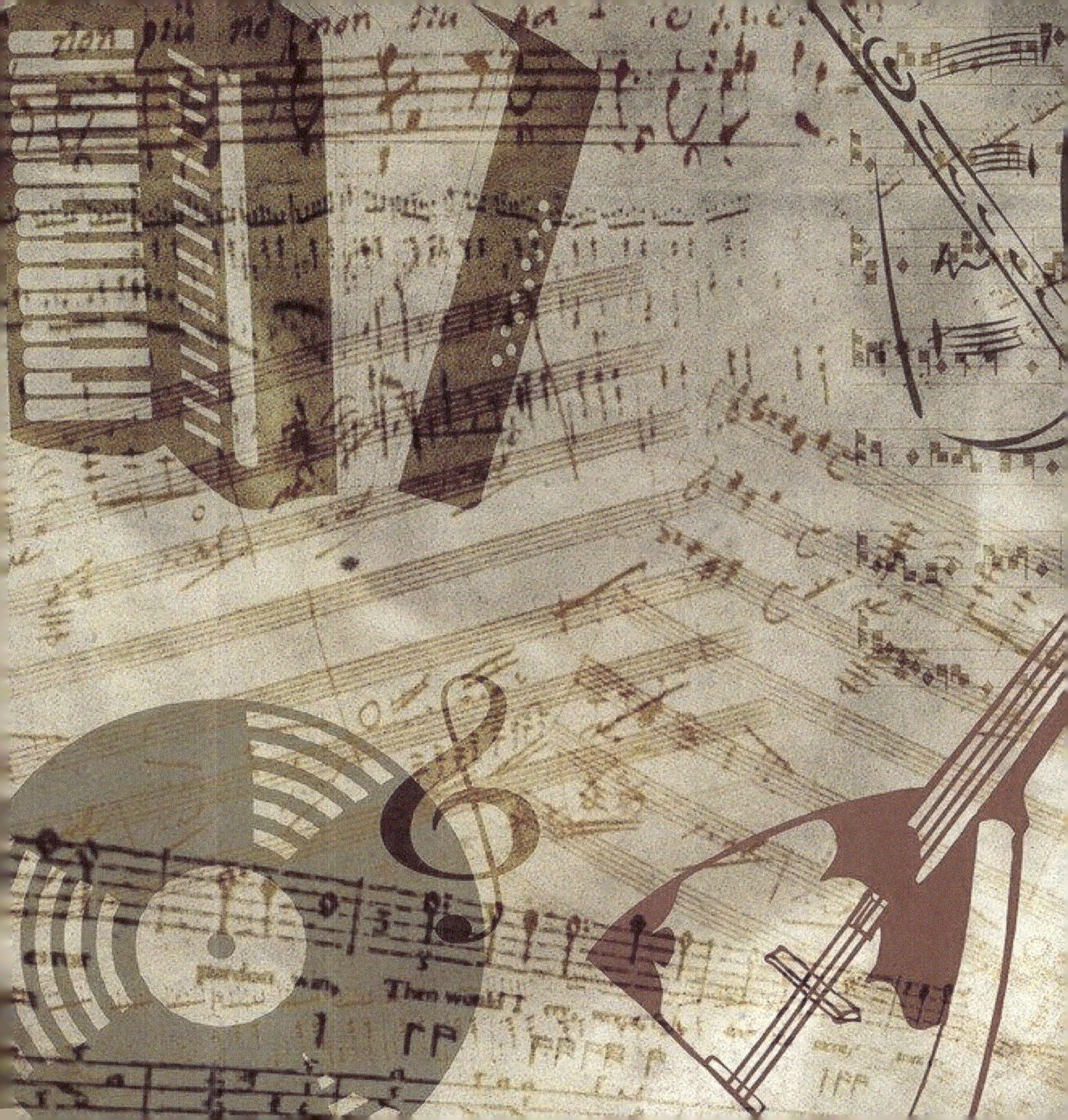

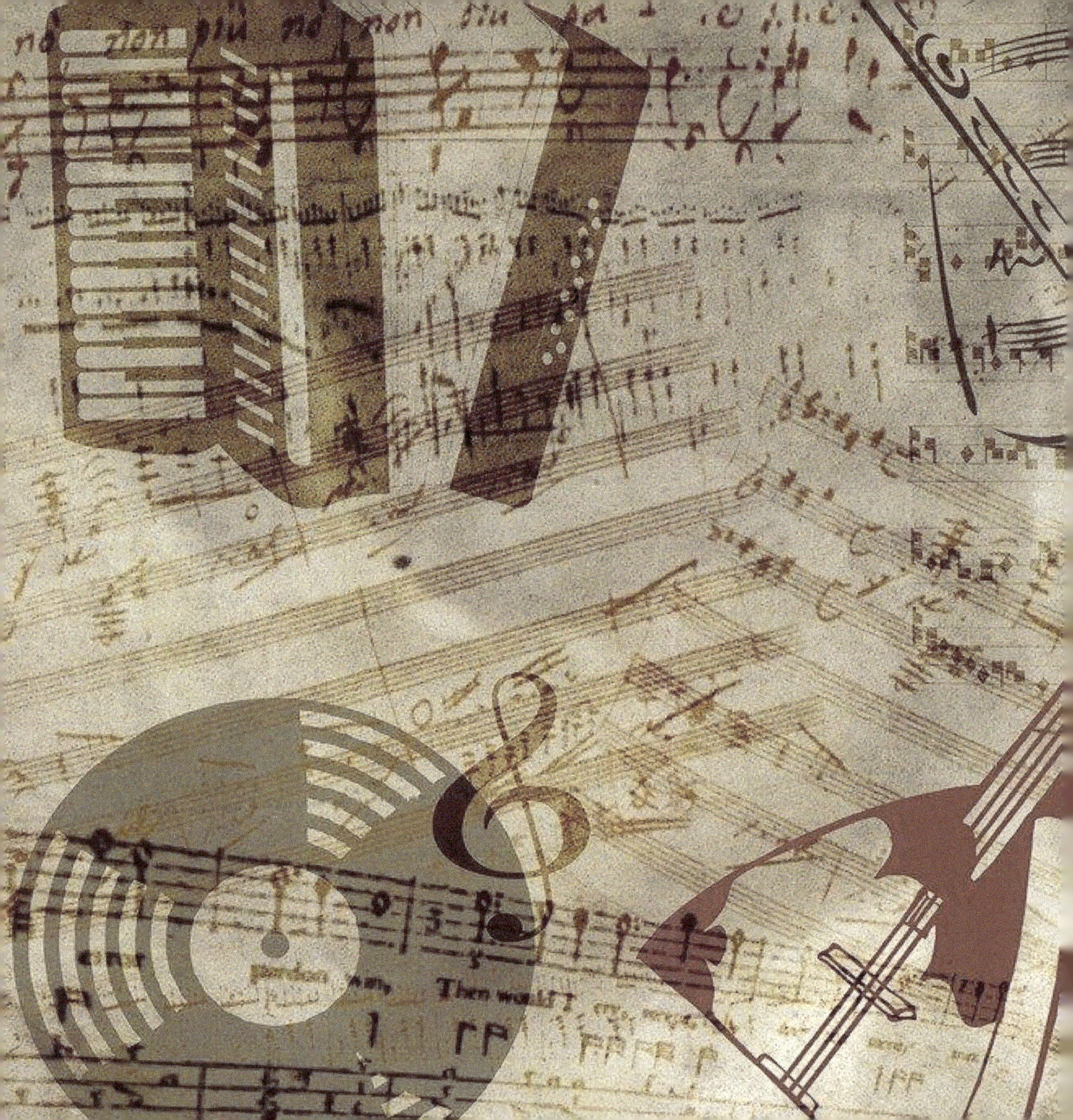

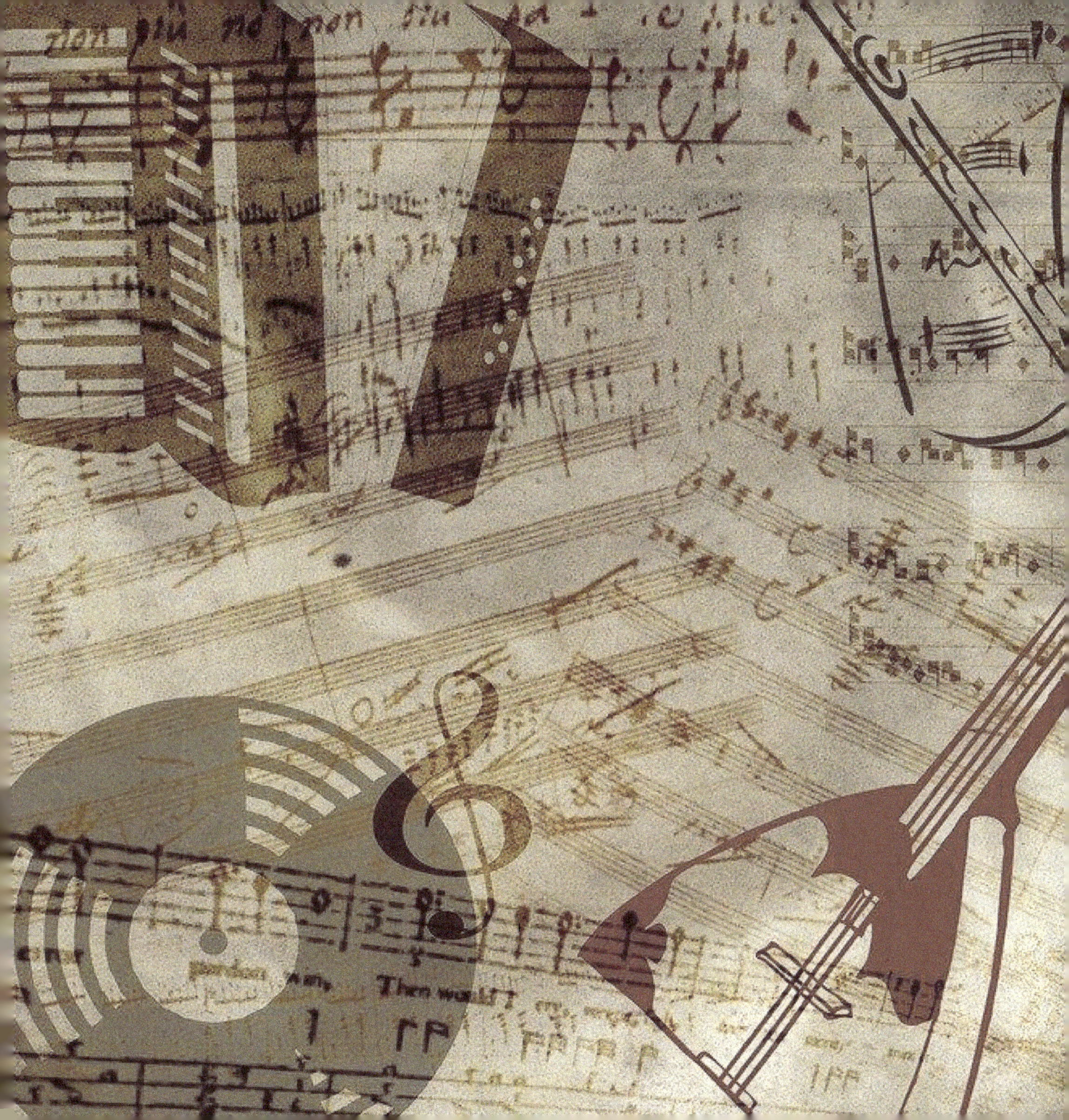

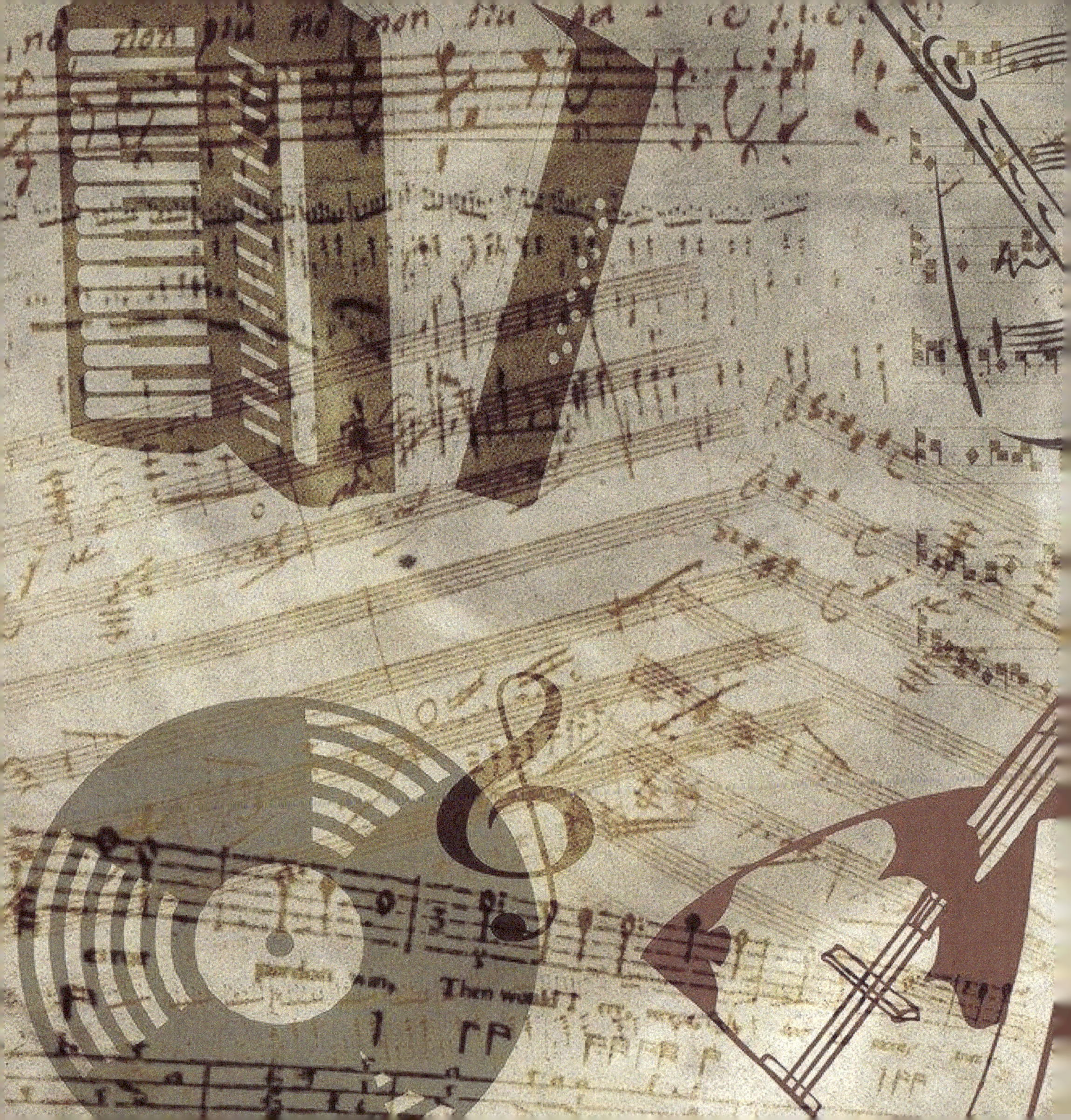

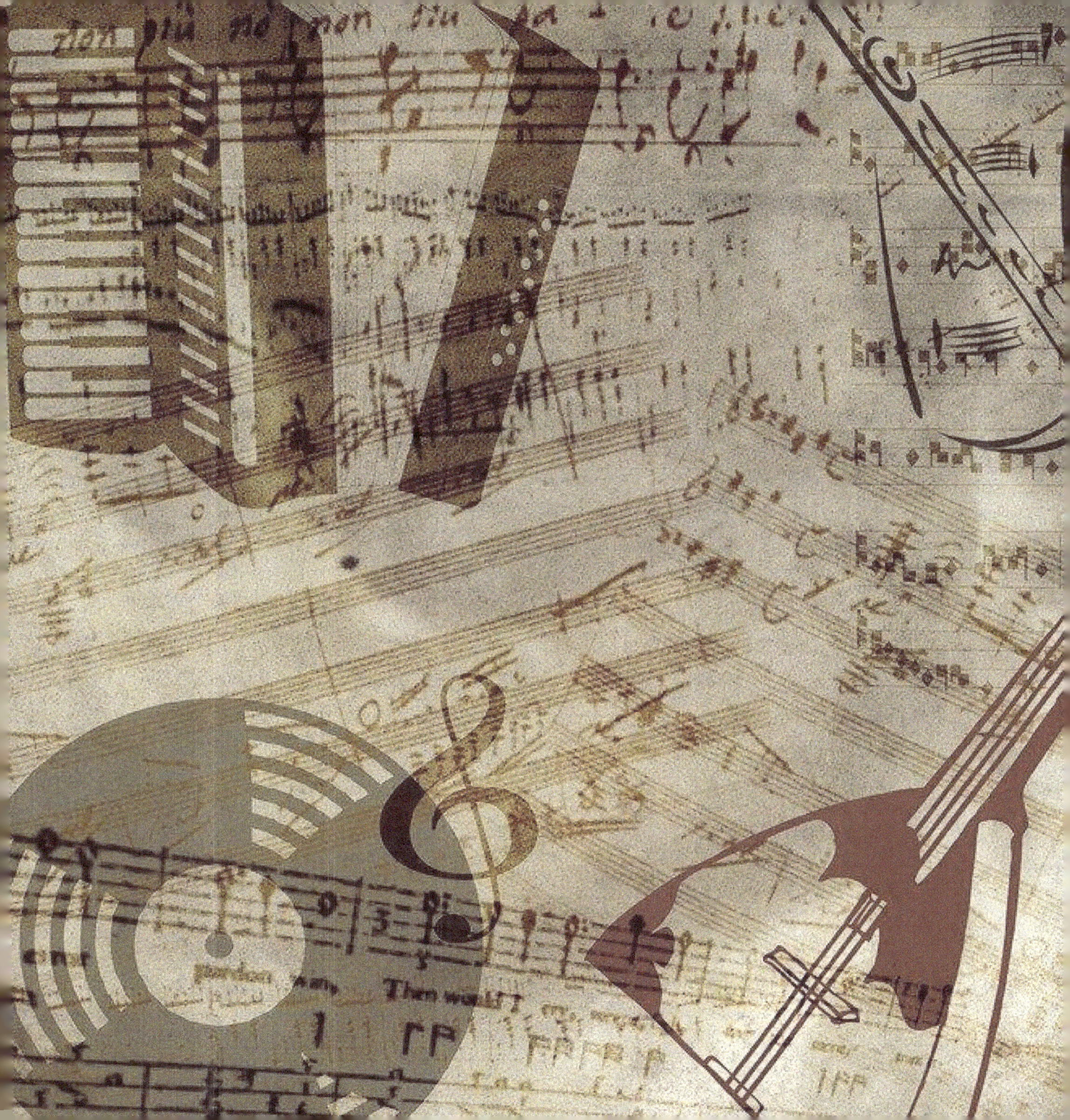

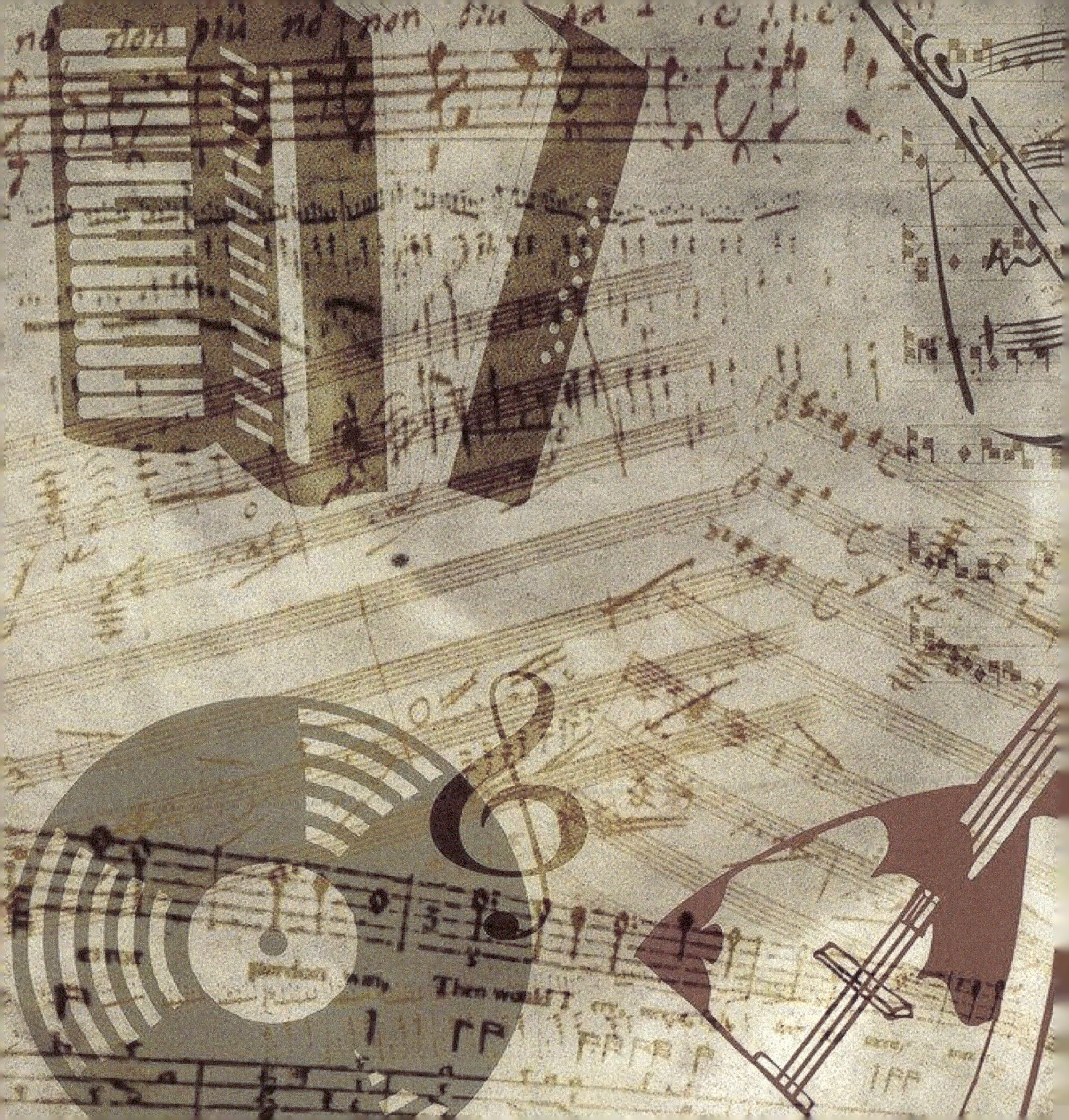

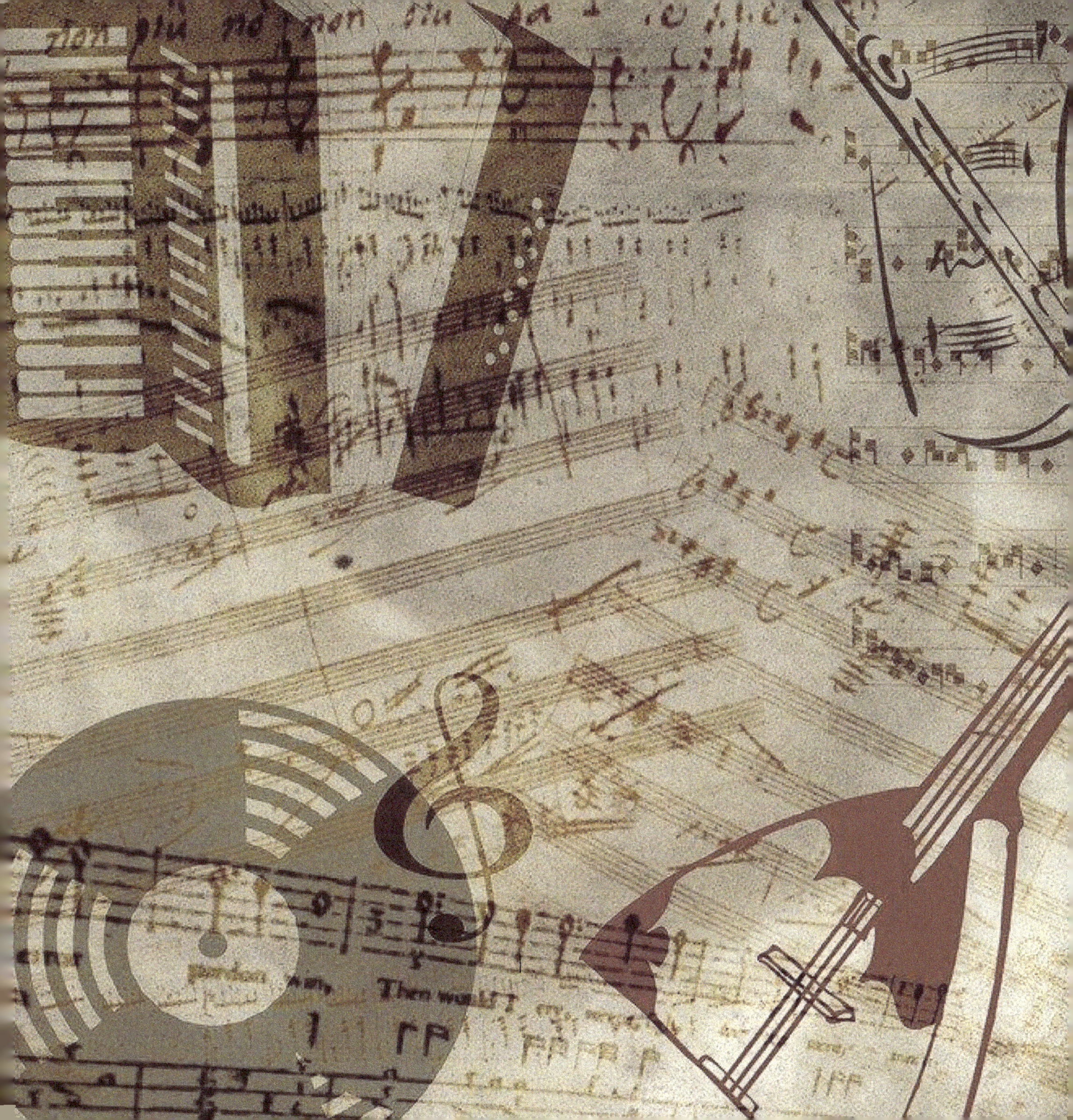

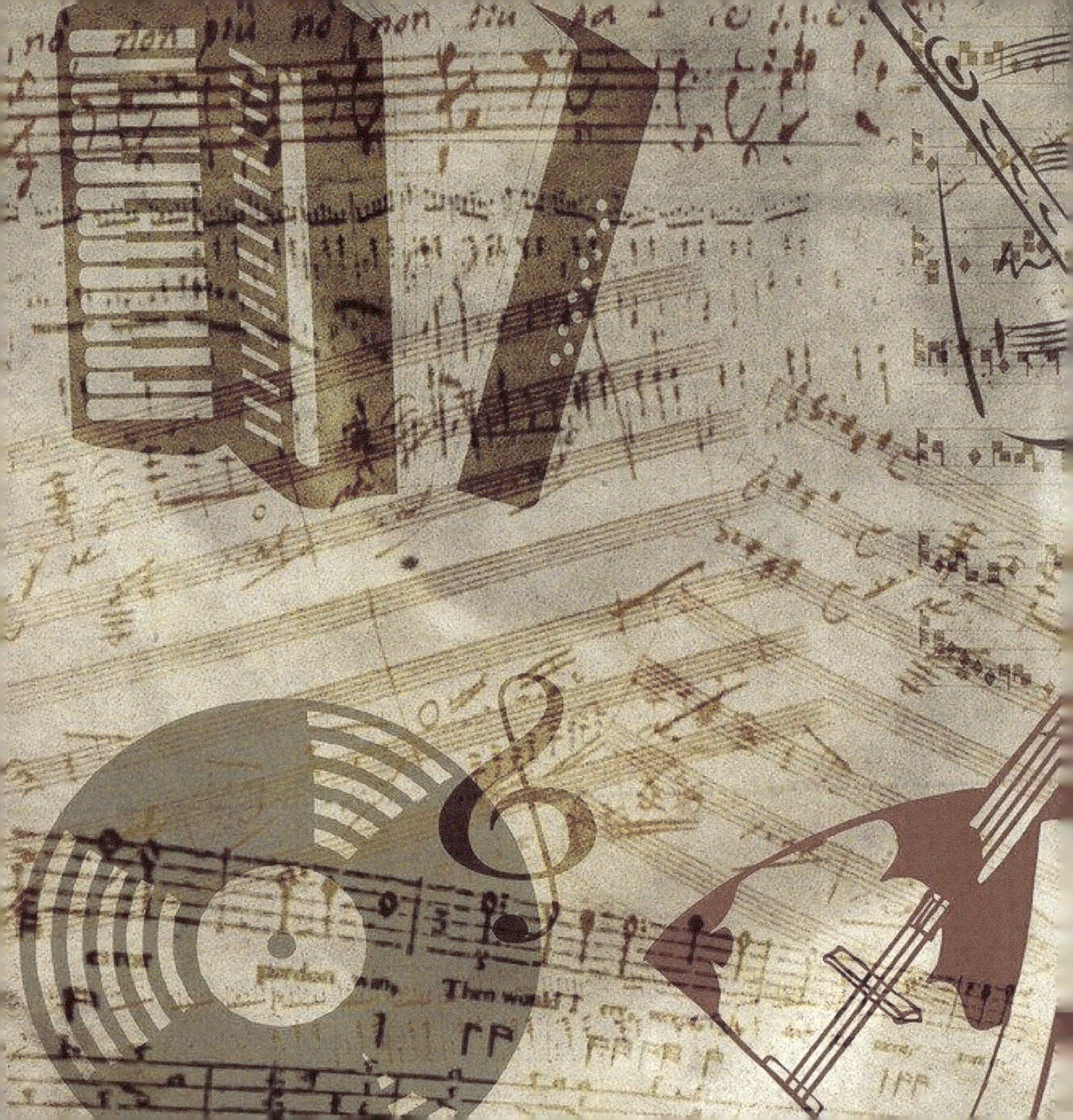

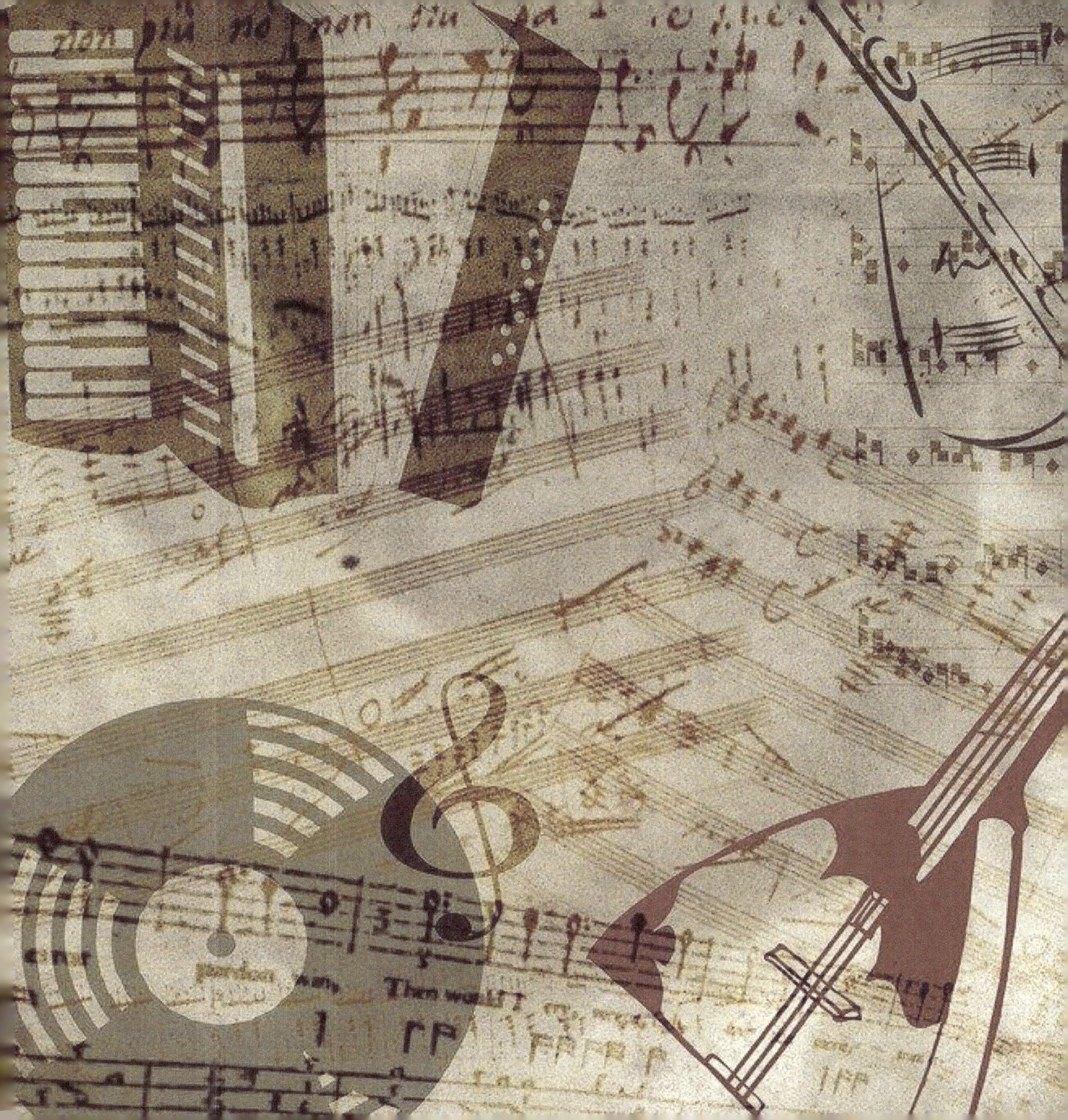

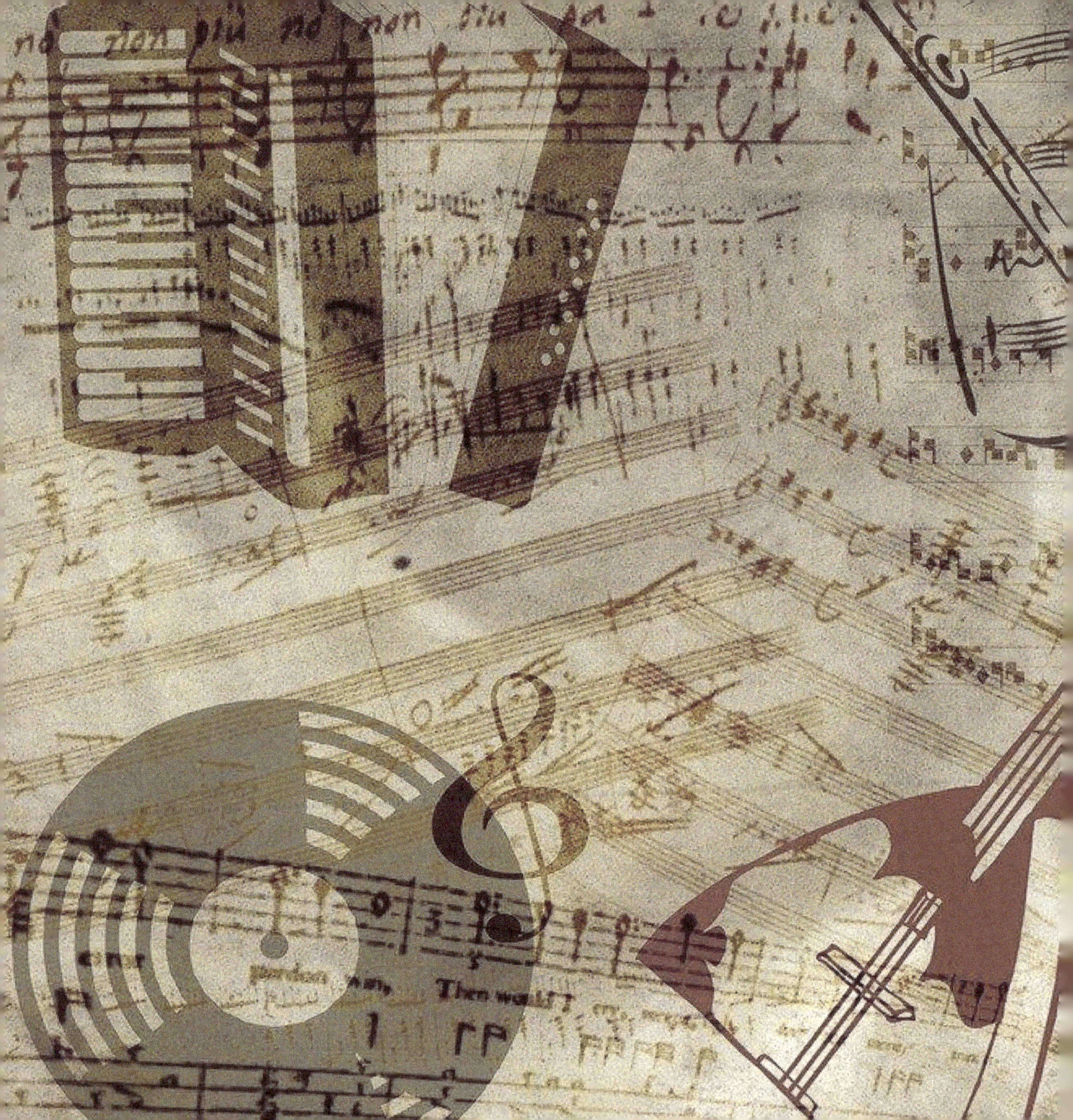

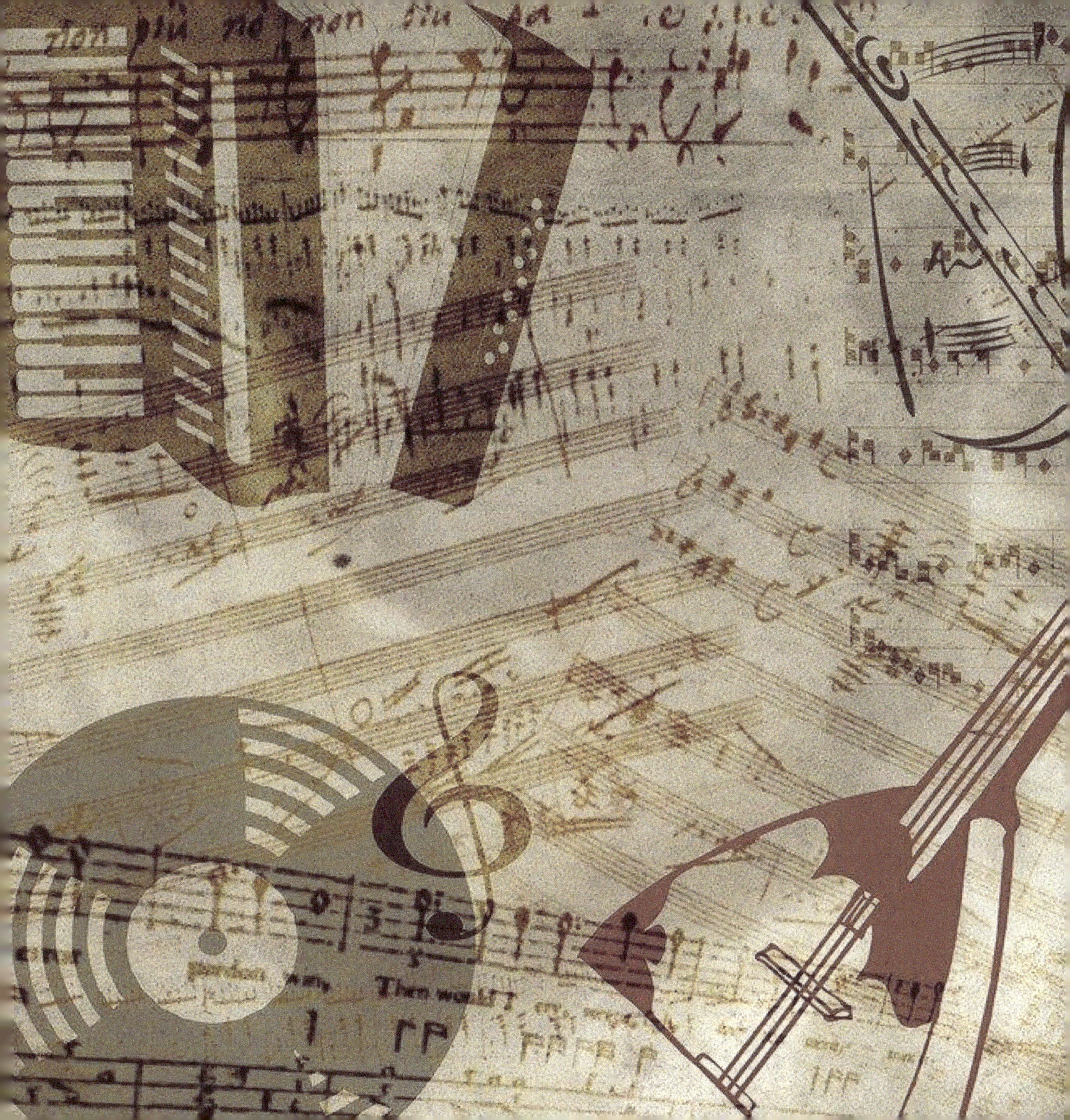

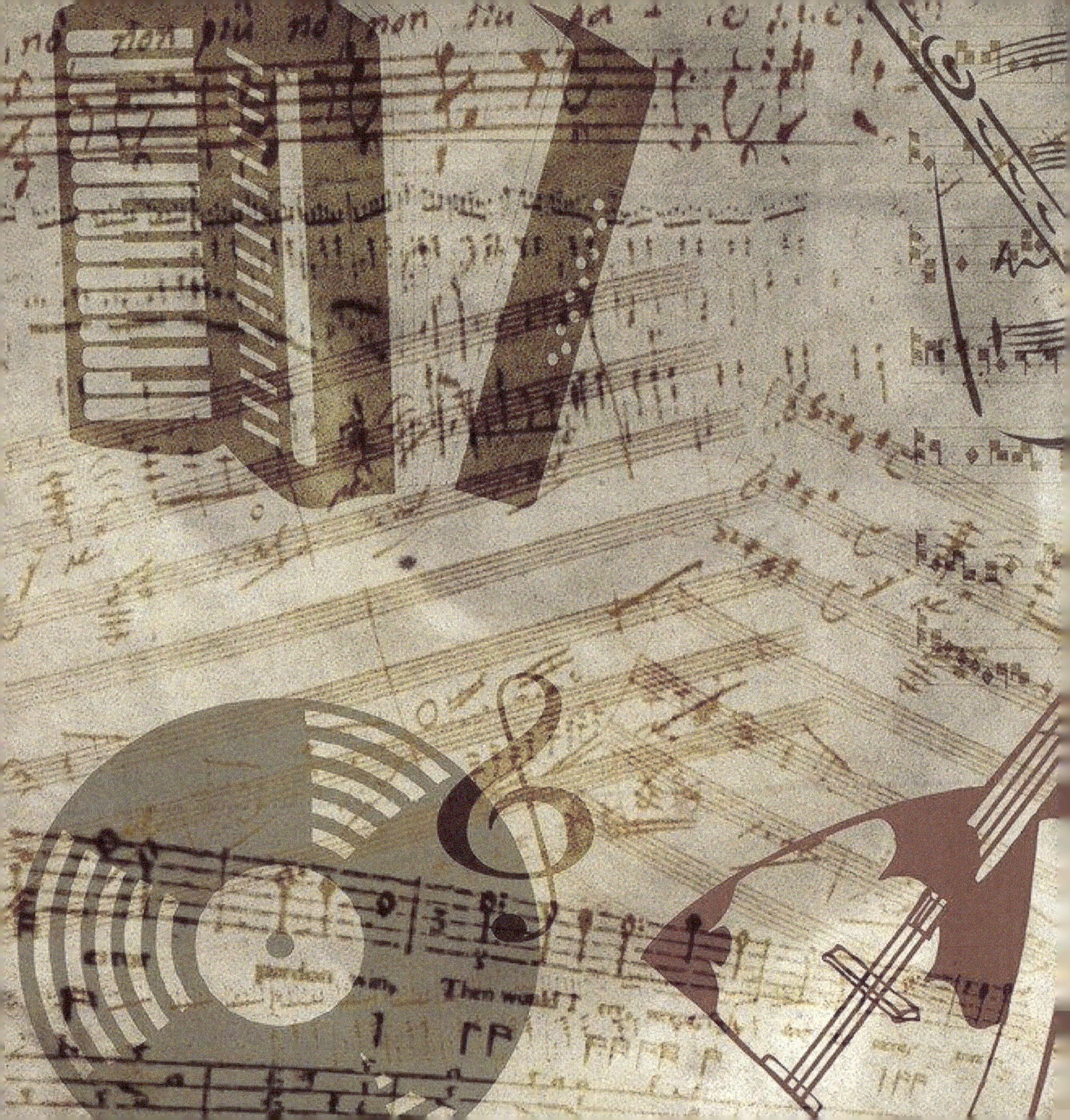

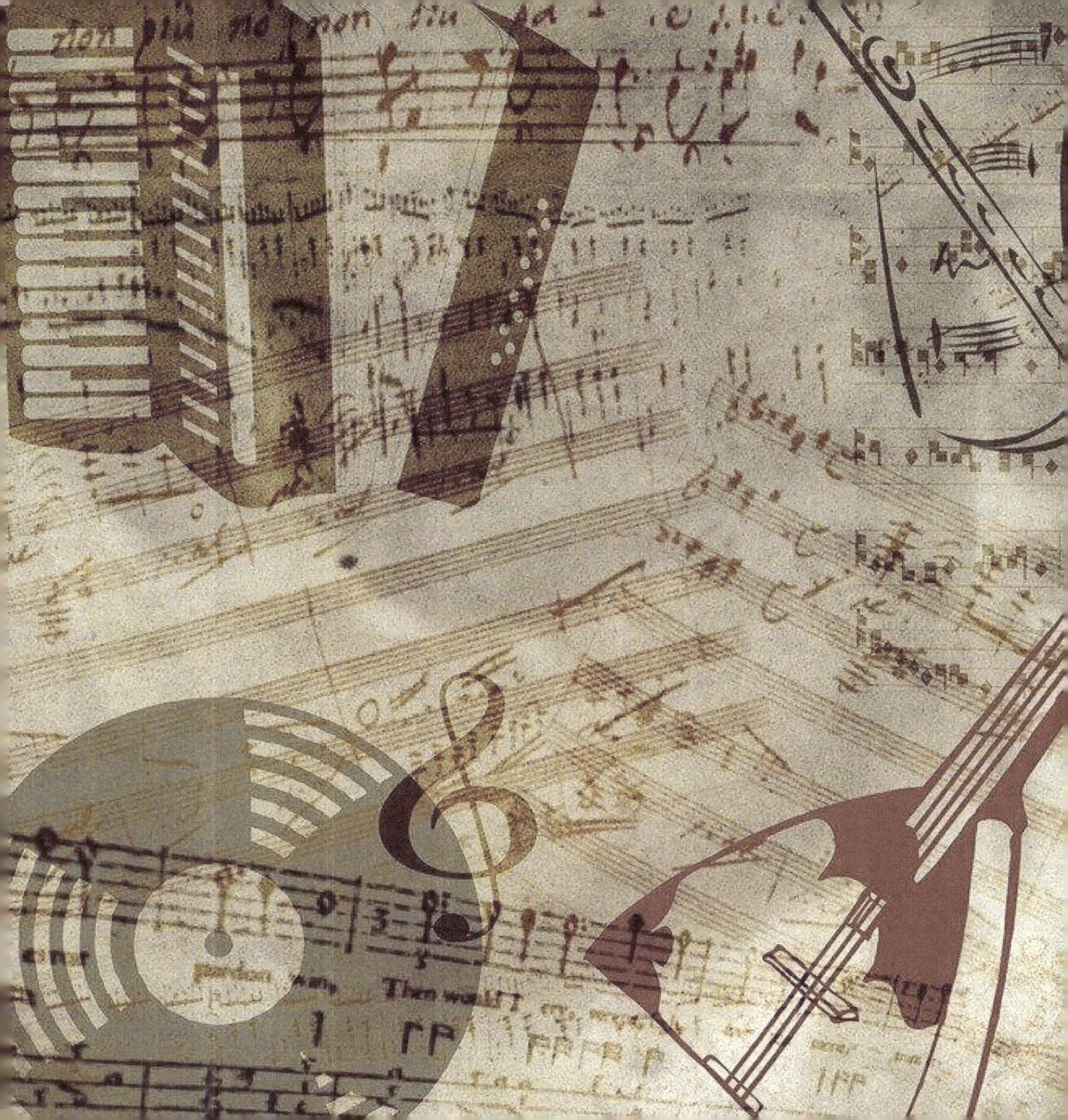

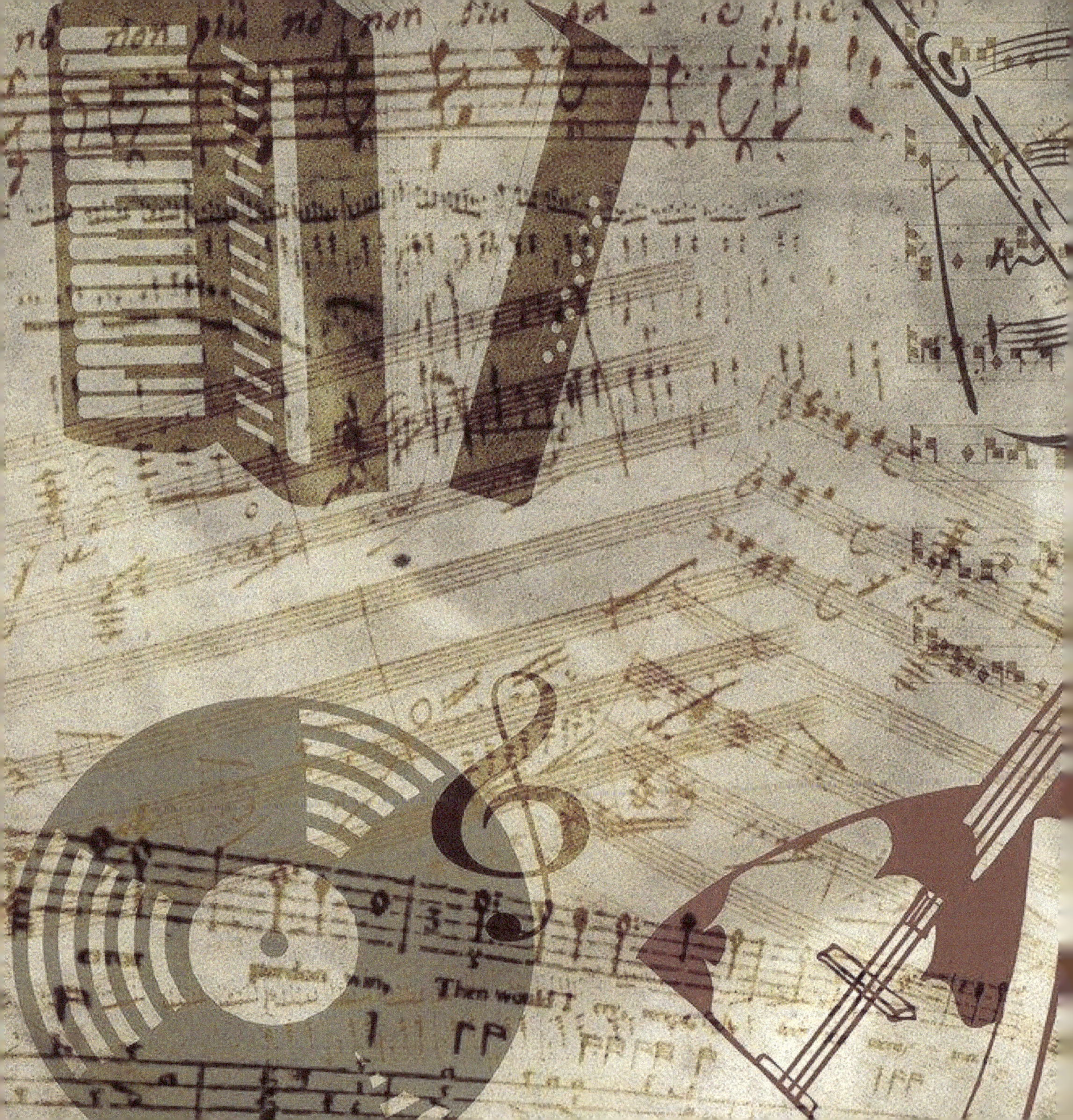

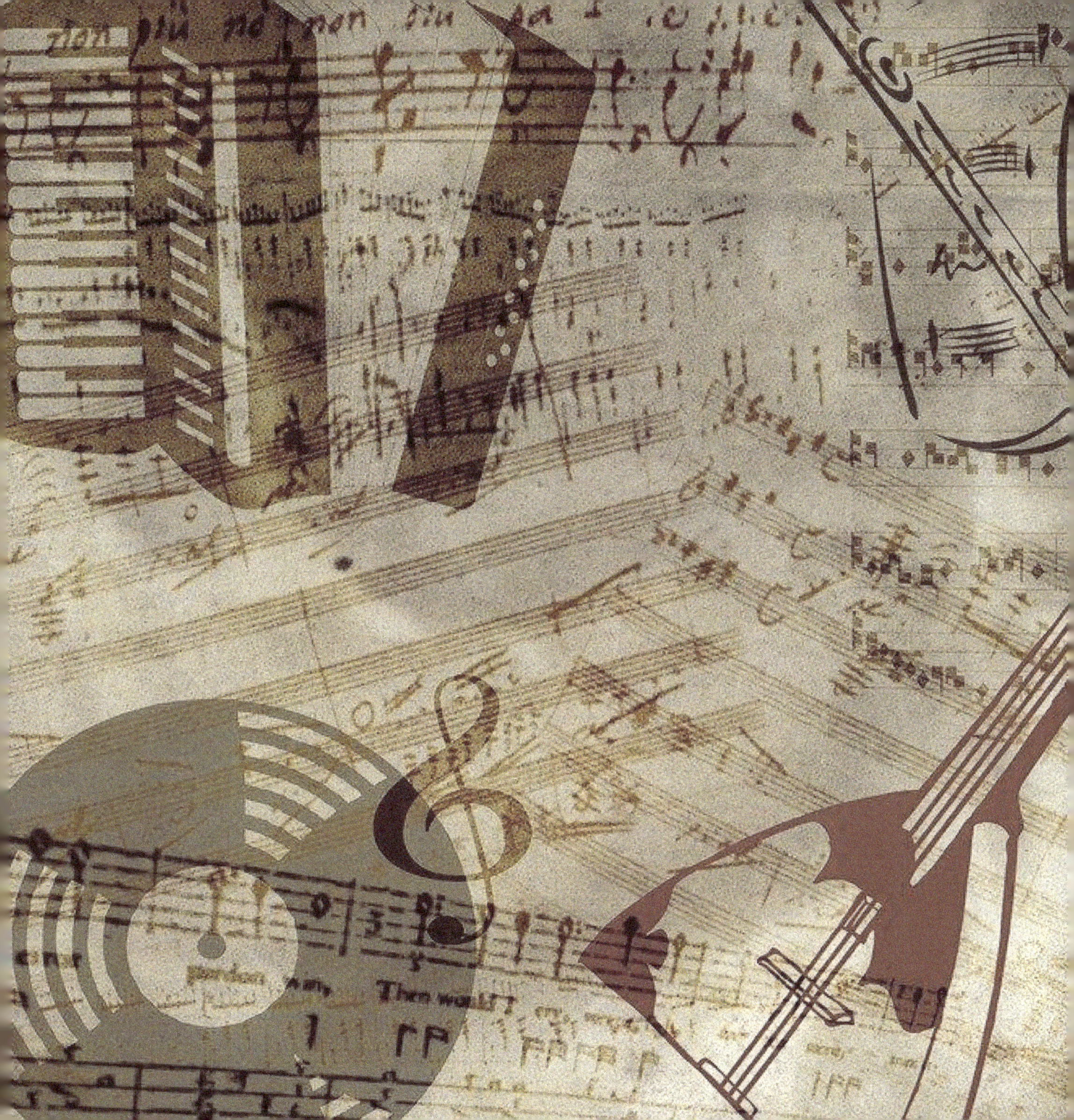

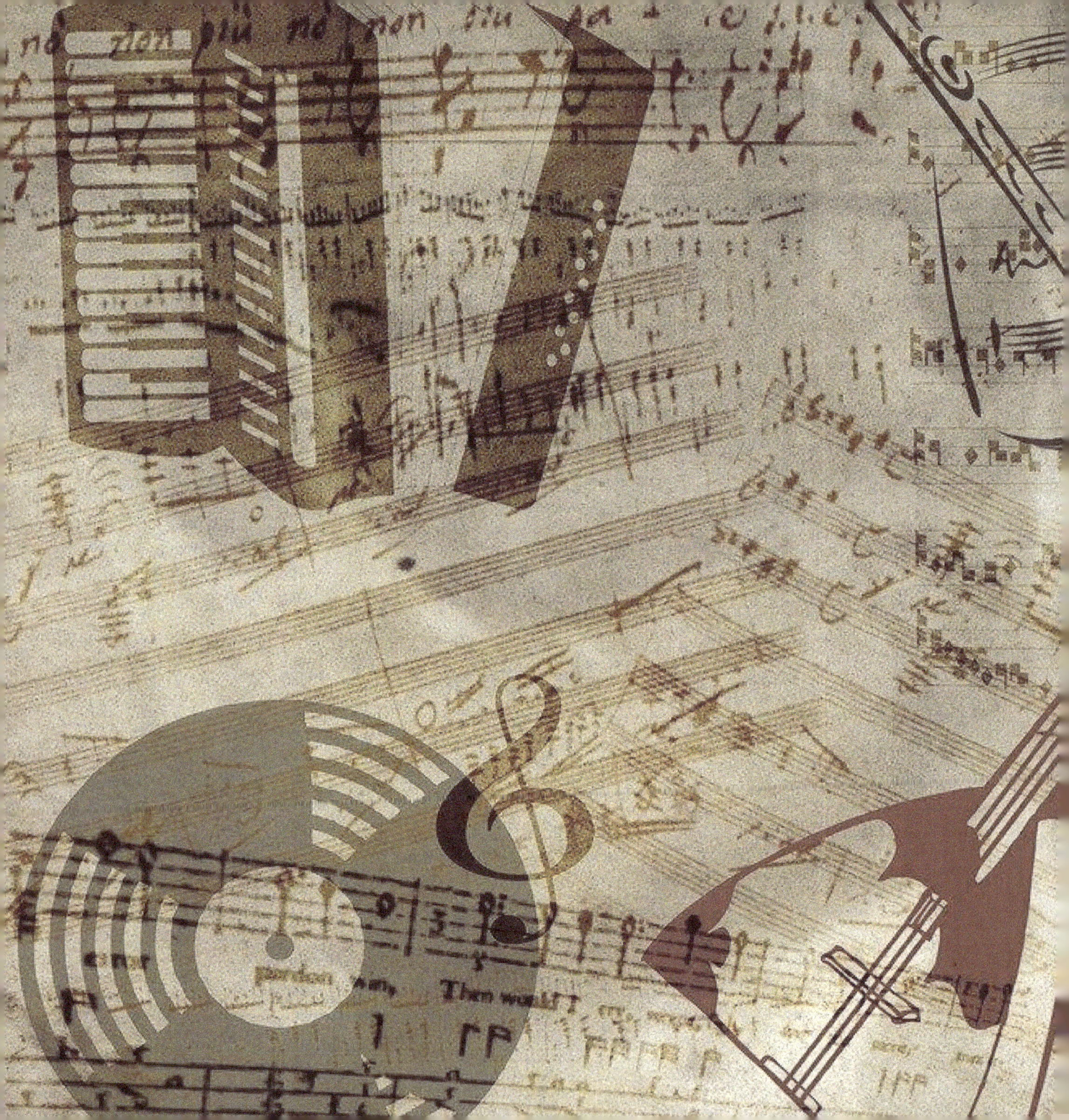

no rien piu no non piu
Then world

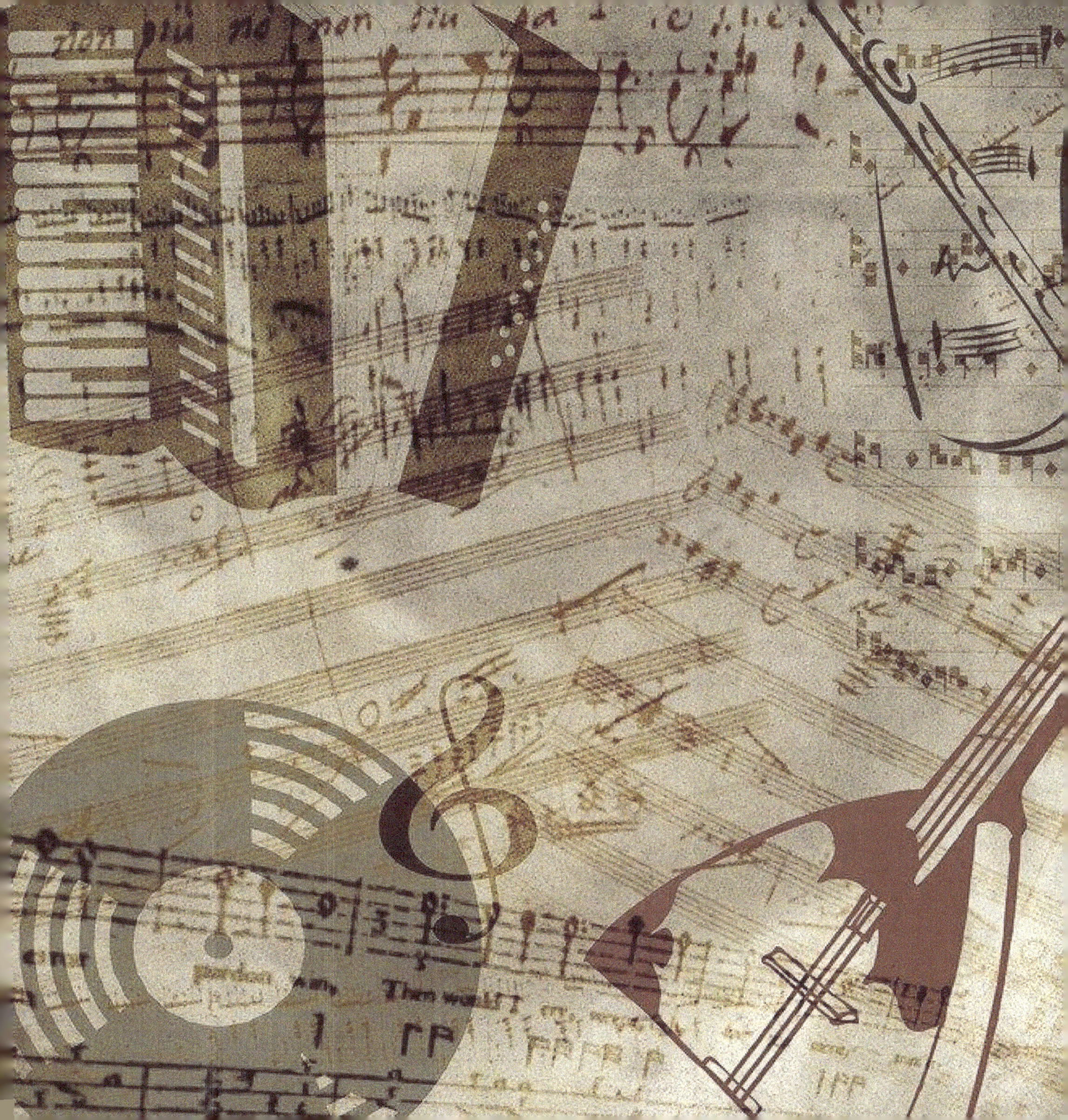

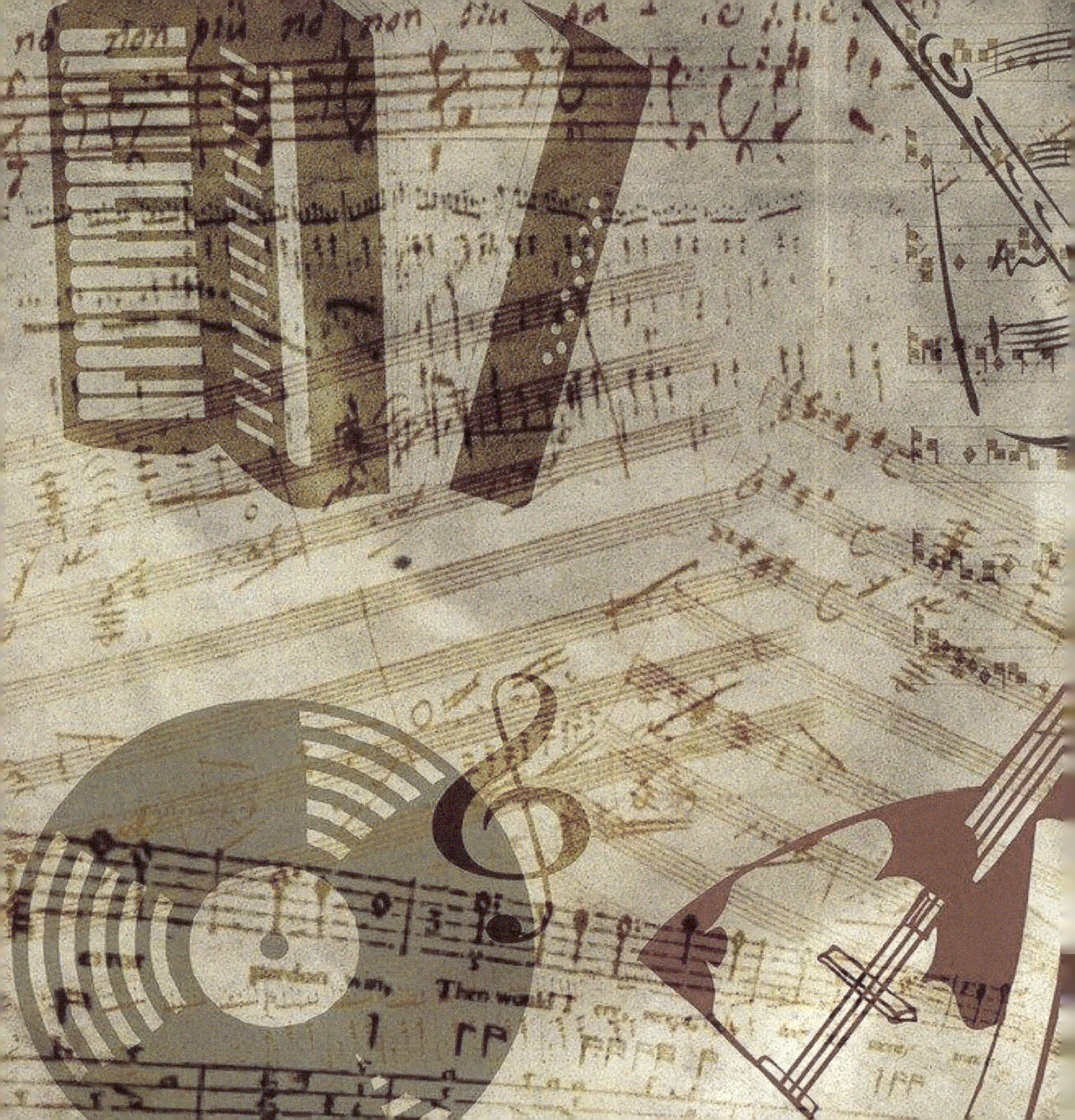

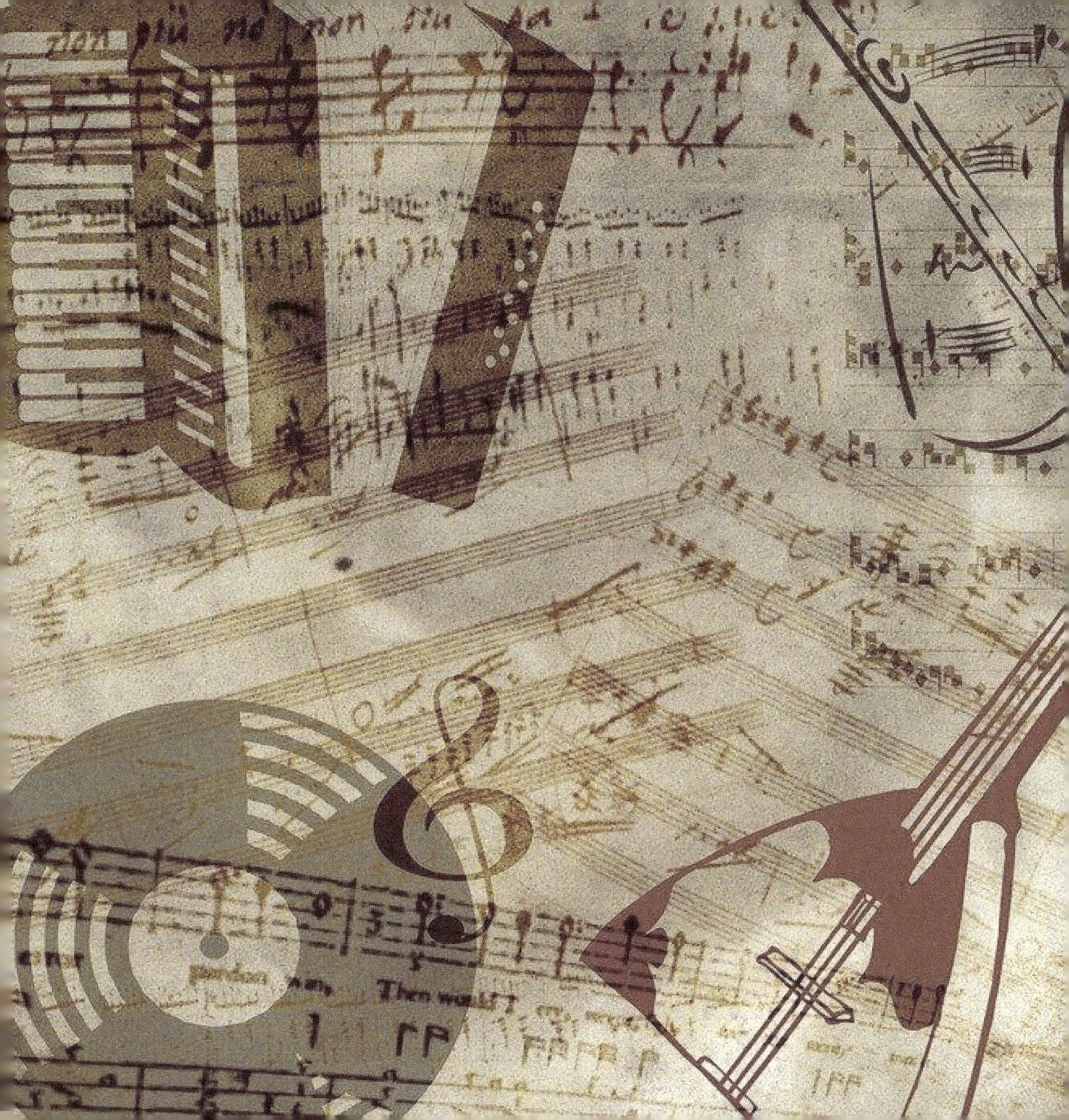

più no non più
Then wait

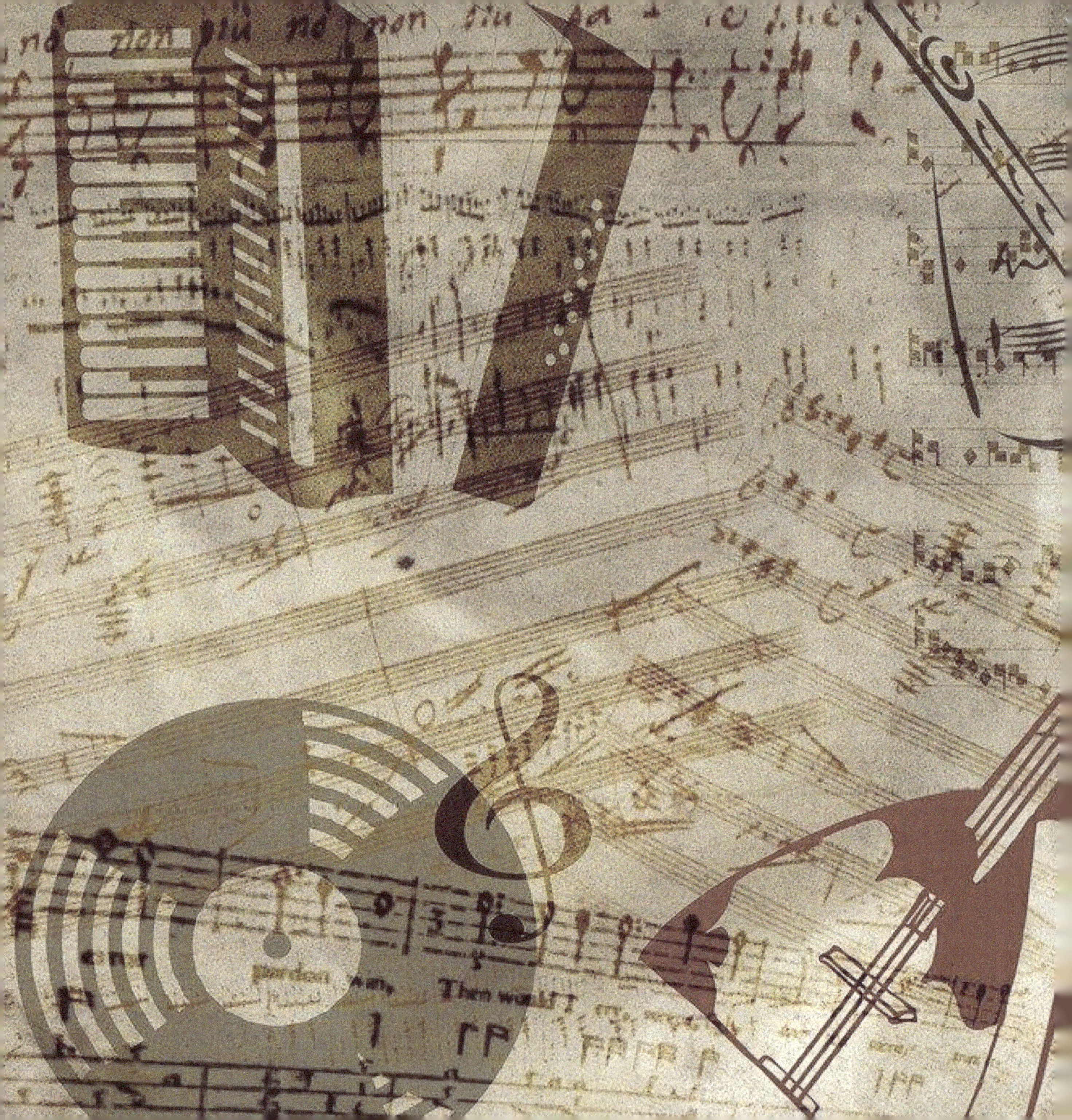